AF388103

Stefanie Schumann

Jugendsprache in Spanien

Ein kurzer Überblick über Entstehung,
Geschichte und Merkmale

Schumann, Stefanie: Jugendsprache in Spanien: Ein kurzer Überblick über Entstehung, Geschichte und Merkmale. Hamburg, Bachelor + Master Publishing 2015
Originaltitel der Abschlussarbeit: Jugendsprache in Spanien

Buch-ISBN: 978-3-95820-439-3
PDF-eBook-ISBN: 978-3-95820-939-8
Druck/Herstellung: Bachelor + Master Publishing, Hamburg, 2015
Zugl. Friedrich-Schiller-Universität Jena, Jena, Deutschland, Staatsexamensarbeit, 2007

Bibliografische Information der Deutschen Nationalbibliothek:
Die Deutsche Nationalbibliothek verzeichnet diese Publikation in der Deutschen Nationalbibliografie; detaillierte bibliografische Daten sind im Internet über http://dnb.d-nb.de abrufbar.

Inhaltsverzeichnis

1   Einleitung

Obwohl die Jugendsprache keinesfalls ein Phänomen ist, welches erst in den letzten Jahren aufkam, ist sie noch unzureichend erforscht.

Bisher gibt es unter den Linguisten weder eine einheitliche Bezeichnung, noch eine konkrete Definition. Dennoch werde ich versuchen, in den folgenden Kapiteln einen angemessenen Überblick über die Entstehung der Jugendsprache, deren Geschichte und Merkmale zu geben. Des Weiteren werde ich mich an die Frage, inwieweit die Jugendsprache einen eigenständigen Substandard darstellt, herantasten und einen Vergleich zwischen der spanischen und mexikanischen Jugendsprache wagen.

2   Charakteristika

Wie bereits angedeutet, liegt bisher keine griffige Definition zur Jugendsprache vor.

Will man eine linguistische Einordnung vornehmen, so lässt sich zu Beginn sagen, dass die Jugendsprache eine Sonder- beziehungsweise Gruppensprache ist. Die exakte Abgrenzung beider Begriffe von einander gestaltet sich sehr schwierig und würde den Rahmen der Arbeit sprengen. Dennoch möchte ich an dieser Stelle jeweils eine Definition anführen:

> „Sondersprachen entwickeln sich immer dort, wo spezifische Gruppen innerhalb einer Sozietät in Erscheinung treten: Solche Gruppen wollen oder müssen sich absondern – auch sprachlich. [...] Ein Wesenszug der Sondersprachen ist ihr kryptologischer Charakter." (Betz 1992: 337)

Laut Niceforo (1972: 13) wird die Jugendsprache auch als Gruppensprache begriffen:

> "Ogni associazione dalla normale alla criminale [...]possiede queste forme di gergo [...]. Quanto più l'associazione ha bisogno di difesa contro l'ambiente in cui agisce, tanto più cresce la organizzazione del gergo."

Casado (1988: 101) hat den Versuch unternommen, Jugendsprache zu definieren:

> „Por jergo júvenil entiendo un conjunto de fenómenos lingüisticas – la mayor parte de ellos relativos al lexico – que caracterizan la manera de hablar de amplios sectores juveniles con vistas a manifestar la solidaridad de edad y/o grupo. Estos sectores son, por lo general, estudiantiles y urbanos, y con una edad comprendida – aproximadamente – entre los 14 y los 22 años."

Da diese Definitionen recht allgemein ist, möchte ich an dieser Stelle noch ein Zitat von Zimmermann (1996: 484) anführen:

> "El fenómeno tiene que determinarse entonces por las tres dimensiones : la dimensión oralidad, la dimensión edad (juventud) y la dimensión marginalidad."

Der gravierende Einfluss des Alters auf die Sprache wird im Lexikon der romanistischen Linguistik jedoch relativiert:

> „[...] la intervención de la edad [...] parece mucho menos importante que otros factores, como pueden ser profesión, la distribución del trabajo, el grado de instrucción, los ingresos y el lugar de residencia." (Jiménez 1992: 268)

Vielmehr wird angeführt, dass der Parameter "Alter" lediglich eine Klassifikation der Sprecher der Jugendsprache wäre (Jiménez: 269).

Umstritten ist auch die Eingrenzung des Begriffes „Jugend". Henne hat diese unter Berücksichtigung der körperlichen sowie der geistigen Reife folgendermaßen definiert: „Die Phase der Jugend liegt für den einzelnen zwischen biologischer Geschlechtsreife, also zwischen 12 bis 13 Jahren, und sozialer Reife, die vielfach mit 25 noch nicht erreicht ist." (Henne 1986: 202)

An dieser Stelle kommt die Frage auf, warum mittlerweile viele jugendsprachliche Wörter in die Umgangssprache eingegangen sind. Dies ist der Tatsache zu schulden, dass wir in einer

Gesellschaft leben, in der viele Menschen einem fast zwanghaften Jugendwahn nacheifern und somit auch die Sprache der Jugendlichen adaptieren. Das bedeutet zwar, dass die Jugendsprache von der Gesellschaft instrumentalisiert wird, diese aber nur von den Jugendlichen neue Impulse zur Weiterentwicklung erfährt. Wieland (in: Henne 1986: 207) bezeichnete die Sprache als „eine Tochter des Bedürfnisses und ein Pflegekind der Geselligkeit", womit der kontinuierliche Wandel der Jugendsprache mit dem Bedürfnis nach bewusster Abgrenzung gegenüber der „norma escolar, el estilo culto y la cultura de los adultos" erklärt werden kann (Zimmermann 1996: 483). Die Jugendlichen nutzen ihren Jargon bewusst zur Selbstbestätigung beziehungsweise zur Betonung der gemeinsamen Identität und als „mecanismo de defensa" (Rodríguez 1989: 142) gegenüber Außenstehenden.

Das Merkmal der Mündlichkeit, ist mit kleineren Einschränkungen zu betrachten. Durch die Nutzung des Internets, wurde die Jugendsprache in den zahlreichen Chats festgehalten. Der Verschriftung liegt zwar immer noch eine mündliche Konzeption zu Grunde, jedoch eröffnen sich auf diesem Wege ganz neue Formen der Sprachverfremdung, die im Kapitel 6 „lenguaje móvil" genauer erläutert werden sollen.

Die Marginalität der Jugendsprache, welche Zimmermann angeführt hat, ist meiner Meinung nach nicht zu verallgemeinern. Sicherlich bedient sich die Jugendsprache zahlreicher Lexeme marginaler Gruppierungen, die Jugendlichen selbst stellen aber seltener eine Randgruppe der Gesellschaft dar. Deshalb fügt Zimmermann (1996: 484) des Weiteren hinzu: „Si los jóvenes son miembros de grupos marginados, llevan las características de la variedad diastrática respectiva."

Im Allgemeinen lässt sich über die Charakteristika der Jugendsprache Folgendes sagen: die Grundlage bildet eine homogene Sprechergruppe, die durch das gemeinsame Alter geeint ist. Dabei darf jedoch nicht vergessen werden, dass es nicht nur eine Jugendsprache gibt, sondern eine große diatopische Varianz vorherrscht, welche im Kapitel 5 „Spanische und mexikanische Jugendsprache im Vergleich" genauer dargestellt werden soll.

Eine Schwierigkeit stellt die Bezeichnung der spanischen Jugendsprache unter den Sprachwissenschaftlern dar, da bisher keine eindeutigen Definitionen für die jeweiligen Begriffe vorliegen: *lenguaje juvenil, argot juvenil, gergo juvenil, jerigonza, pasota*. Die ersten drei Benennungen finden sich am häufigsten in der einschlägigen Literatur. Ich werde im Folgenden *lenguaje juvenil* verwenden, da die Begriffe *argot* und *gergo* meines Erachtens zu sehr eine Beeinflussung durch die Verbrecher- und Untergrundsprache implizieren.

3   Geschichte der Jugendkultur und Entstehung deren „Sprache"

Die Jugendsprache ist ein relativ junges Phänomen. In den 60ern kam es mit der Entstehung der Rock-/Pop-Kultur zu einer kulturellen Revolution. Die Suche der Jugendlichen nach ihrem Platz in der Gesellschaft mündete in einem Protest gegen die bis dahin vorherrschenden Werte der Gesellschaft und man schuf eine alternative Gegenkultur, die durch neue musikalische Einflüsse, einen eigenen Kleidungsstil, Drogen und orientalische Philosophie gekennzeichnet war. Die Gründung von Kommunen stellte dabei ein Extrem der Subkulturen mit eigenen Werten, Normen und sich daraus ergebenden sprachlichen Bedürfnissen dar. Die Jugendkultur in Spanien setzte erst in den 70ern mit dem so genannten „rollo" ein.

Spätere Jugendbewegungen zeigten ihre Andersartigkeit weniger mit Hilfe von Symbolen in der Öffentlichkeit als ihre Vorreiter. (Sanmartín 1998: 200-201)

In den 90ern uferte das Ganze in einer Spaßgesellschaft, die sich an Hand von Äußerlichkeiten definierte. Körperkult und Ästhetik wurden groß geschrieben. Weitere Merkmale waren Technomusik und Alkohol- und Drogenkonsum.

Mit zunehmender Verbreitung neuer Kommunikationsmittel wurde die Verbreitung der Jugendsprache vereinfacht und erlangte überregionalen Einfluss. Heute ist die Jugendsprache bei Weitem nicht mehr auf eine Gruppe beschränkt, sondern hat Eingang in den Sprachgebrauch der gesamten Bevölkerung gefunden:

> „Lo juvenil ha alcanzado una posición de privilegio en el comercio de los valores sociales: «Si hubo un tiempo en que la gente miraba a sus mayores como modelo a seguir en su forma de vida, sus modales, su lenguaje, a partir de ahora el mimetismo cambia de dirección y son los mayores los que imitan y pretenden parecerse a los jovenes» [...] En este context, las diferentes jergas juveniles «han incorporado un rico caudal de voces a la lengua popular y al habla coloquial de todos, constituyendo un fenómeno inédito en la historia de nuestra lengua»"
> (Jiménez 1992: 269).

Eine Untersuchung von Zimmermann (2002: 244) hat ergeben, dass deutsche Jugendliche der Ansicht sind, mehr mit Jugendlichen aus anderen Ländern gemeinsam zu haben als mit Erwachsenen des eigenen Landes, da man sich über Landesgrenzen hinaus über ähnliche Hobbys, Lebenssituationen und Probleme identifiziert.

4 Analyse der spanischen Jugendsprache

Die Jugendsprache ersetzt nicht die Muttersprache, in diesem Fall Spanisch, sondern instrumentalisiert diese lediglich, um neue Strukturen und Wörter in diese einzunisten wie ein Parasit.

Rodríguez (1989: 142) beschreibt die spanische Jugendsprache folgendermaßen:

> „[…] [los jovenes] crean palabras nuevas, las deforman o dan nuevas acepciones a las ya existences, o bien las toman directmente de sociolectos marginales o lenguas extranjeras. Las diferentes afectan principalmente a la morfología y al léxico, y en menor medida a la sintaxis y la fonética."

Die Besonderheit der Jugendsprache liegt demnach hauptsächlich in der Lexik. Die Jugendlichen schaffen einen zusätzlichen gruppenspezifischen Wortschatz. „Entgegen der Annahme, die in manchen, vor allem jugend- und jugendsprachkritischen Erörterungen gemacht wurde, dass die Jugendsprache nur unnötige Dubletten von Lexemen hervorgebracht hätte […], ist davon auszugehen, dass spezifische, für die Kommunikation in dieser Lebenswelt notwendige neue oder partiell anders gelagerte Inhalte […] erfunden worden sind." (Zimmermann 2002: 244)

Durch die Kritik an der Gesellschaft sympathisieren die Jugendlichen oftmals mit marginalen Gruppierungen wie zum Beispiel mit denen aus der Drogenszene. Aufgrund dessen entlehnen sie häufig Lexeme aus marginalen Soziolekten, verändern dabei aber oftmals deren Bedeutung. Somit hat die Jugendsprache eine Vermittlerfunktion zwischen marginalen Jargons und der Umgangssprache inne, in welche viele jugendsprachliche Wörter übernommen werden. Durch den fließenden Übergang zur Umgangssprache fällt eine klare Definition der Jugendsprache schwer.

4.1 Wortbildung

4.1.1 Semantische Deformation

Laut dem Strukturalismus besteht keine Beziehung zwischen signifié (Bedeutung) und signifiant (Lautung) eines Wortes; d.h. sie wurden einander willkürlich zugeordnet. Diese Tatsache machen sich die Jugendlichen unbewusst zu Nutze, indem sie bereits bestehenden Lautungen eine neue semantische Entsprechung geben: sie hebeln die ursprüngliche Bedeutung eines Wortes aus um diese durch eine neue zu ersetzen. Mit Hilfe dieser semantischen Deformation schaffen sie Homophone - Wörter, die zwar dieselbe lautliche Realisierung, aber eine andere Bedeutung und teilweise Orthographie aufweisen. Durch die scheinbare Verständlichkeit der Wörter werden Außenstehende folglich bewusst in die Irre geführt und so ein Bruch mit der Gesellschaft herbeigeführt. Rodríguez (1989: 163) erläutert dieses Verfahren folgendermaßen: „[…] bien estableciendo una nueva relación entre significante y significado, lo cual se traduce en una enorme polisemia que depara nuevos o inevitables 'ruidos' al acto de la comunicación, especialmente al receptor adulto o extraño al grupo cuya confusión en parte se pretende."

lenguaje juvenil	significado español estandard	significado lenguaje juvenil
basca	Tollwut	Leute
camello	Kamel	Drogenhändler
currar	wühlen	arbeiten
manteca	Butter	Geld
mono	Affe	Polizeibeamter

(Casado 1989: 174-175)

4.1.2 Metaphern

Der bildliche Ausdruck stellt das Vorzeigephänomen der Jugendsprache und der *jergas* im Allgemeinen dar. Niceforo (1972: 150) deklariert die Rolle der Metaphern wie folgt:

> "[sc .Il gergo] è il linguaggio che punta sulla metafora, che si avvoltola e cerca
> nascondersi nelle pieghe dei traslati […]. Il gergo vive […] della metafora,
> e con essa e su essa si plasma. La metafora è il cencioso vestito entro il quale
> esso so nasconde, il gergo è vegetazione che cresce soltanto nelle tenebre, e
> queste tenebre sono formate […] dalla metafora."

Er beschreibt die Metapher somit als Herzstück eines gergo, ohne jenes dieser nicht denkbar wäre.

lenguaje juvenil	significado - español estandard	significado - lenguaje juveni
aceitunas	Oliven	Mitgleider der Guarda Civíl (aufgrund der grünen Uniformen)
blancanieves	Schneewittchen	Mitglieder der Guarda Civíl (aufgrund der weißen Dienstwagen)
matarlo [un porro]	ihn umbringen	(Joint) aufrauchen
madre/ maría	Mutter/ Maria	Droge/ Mariuhana
nieve/ blanca	Schnee	Kokain

(Rodríguez 1989: 148-149)

Zu den Lexemen *madre* und *maría* merkt Rodríguez (1989: 148) an, dass sie eine Verherrlichung, ja fast Heiligsprechung des Verbotenen durch den süßen, gastfreundlichen, träumerischen und beruhigend Beiklang der Begriffe implizieren, indem die Mutter oder sogar die heilige Mutter Gottes Maria mit einer Droge gleichsetzt wird.

4.1.3 Dysphemismen

Ein Dysphemismus ist ein Stilmittel, bei dem ein neutrales Wort durch ein anderes mit negativer Wertung ersetzt wird um der Sprache einen abwertenden oder humoristischen Ton zu verleihen.

Hinzu kommt der häufige Gebrauch von Schimpfwörter und Vulgarismen zur Verstärkung der Aussage in der spanischen Jugendsprache: *cabrón*, *maricón*, (Rodríguez 1989: 157), *cojonudo*, *acojonante*, *de puta madre* (Rodríguez 1989: 158), jodido, coño (Rodríguez 1989: 159), etc. Dabei wird aber weitestgehend auf Blasphemie verzichtet. Die einzige Ausnahme stellt *hostia* (Rodríguez 1989: 160), die religiöse Oblade, dar, die jugendsprachlich in der Bedeutung *krass* oder *Schlag* Verwendung findet.

4.1.4 Suffigierung

Durch das Anhängen von Affixen wird die Bedeutung des Wortes verschleiert. Hauptsächlich werden dabei Suffixe funktionalisiert. Das am häufigsten verwendete ist dabei *–ata*, welches ursprünglich aus dem Verbrecherjargon stammt und einen pejorativen Charakter hat. Außerdem wird durch Missachtung der sprachlichen Konventionen die Verständlichkeit für diejenigen, die der lenguaje juvenil nicht kundig sind, getrübt:

español estandard	lenguaje juvenil	Übersetzung
bocadillo	bocata	Bocadillo
drogadicto	drogata	Drogensüchtiger
fumador	fumeta	Raucher

(Casado 1989: 168)

4.1.5 Apokopen

Des Weiteren werden der Sprachökonomie geschuldet Wörter durch Wegfallen des Auslautes verfremdet. In der Umgangssprache finden sich traditionell meist zweisilbige Wortkürzungen wie zum Beispiel *bici* (*bicicletta*), *foto* (*fotografía*) oder *tele* (*televisión*). (Casado 1989: 170) Die lenguaje juvenil ist an dieser Stelle innovativ und kürzt meist auf dreisilbige Wörter. Außerdem erschwert die Akzentverschiebung ihrerseits die Verständlichkeit:

español estandard	lenguaje juvenil	Übersetzung
anarquista	anarco	Anarchist
anfetamina	anfeta	Amphetamine
legionario	legía	Soldat
manifestación	manifa	Demonstration
proletario	proleta	Prolet

(Casardo 1989: 170)

4.1.6 Wortspiele

Vereinzelt finden sich Wortspiele, bei denen die ähnliche Lautung zweier Wörter ausgenutzt wird um der Aussage einen pejorativen oder ironischen Charakter zu verleihen. Die angeführte Übersetzung soll lediglich einen Versuch meinerseits darstellen, dies ins Deutsche zu übertragen, da es meines Wissens keine Entsprechung gibt:

español estandard	lenguaje juvenil	Übersetzung
filosofía	filosofobia	Angst vor der Philosophie
historia	histeria	hysterische Geschichte
pedagogía	pedajodía	verdammte Pädagogik

(Patry 2007: 10)

4.1.7 Anglizismen

In den letzten Jahren hat das Englische immer mehr Relikte in allen Sprachen hinterlassen, so auch im Spanischen. Besonders Lexeme aus dem Drogenbereich wurden aus dem Englischen entlehnt. Dabei handelt es sich größtenteils um Lehnübersetzungen, d.h. Schaffung neuer Bedeutungen durch wortwörtliche Übersetzungen aus dem Englischen ins Spanische, sodass das Lexem nicht als Lehnwort erkennbar ist: *to be high > estar alto, to be down > estar bajo* (Rodríguez 1989: 149-150); *trip > viaje, snow > nieve* (Zimmermann 2002: 249).
Es gibt aber auch direkte Entlehnungen, bei denen die fremde Herkunft erkennbar ist: *joint > yoin, junky > yonkie* (Zimmermann 2002: 248). Bei diesen Beispielen wurde lediglich die Schreibweise der spanischen Aussprache angepasst.

5   Spanische und mexikanische Jugendsprache im Vergleich

„Die Lage der Erforschung der Jugendsprache in der spanischsprachigen Welt ist derzeit nicht so weit, dass theoretisch vergleichbare Erfassungen der Jugendsprache in den großen Städten der Hispania vorliegen würden, so dass man die vorhandenen Forschungsergebnisse umstandslos zu einem Vergleich heranziehen könnte." (Zimmermann 2002: 245)

Hoffnungsvoll kann aber nach Norwegen geschaut werden, wo an der Universität von Bergen derzeit das Projekt COLA (*Corpus oral del lenguaje adolescente*) vor seiner Auswertung steht. Dies ist eine vergleichende Untersuchung zur Jugendsprache in den vier spanischsprachigen Städten Madrid, Buenos Aires, Guatemala Ciudad und Santiago de Chile.

Trotz ungenügender fundierter Quellen zum Thema Jugendsprache im spanischsprachigen Raum werde ich versuchen anhand von Zimmermanns Aufsatz einen vorsichtigen Ausblick zu geben:

Wie bereits im Kapitel 2 angedeutet, ist die spanische Jugendsprache stark diatopisch geprägt. Dies bezieht sich nicht nur auf Spanien selbst, sondern auch auf den lateinamerikanischen Raum, wie Zimmermann (2002: 243) bestätigt: „[…] der Vergleich des jugendsprachlichen Lexembestandes in Mexiko und Spanien [hat] ergeben, dass dieser zu 99% divergent ist und dass bei den morphologischen Konstitutionsverfahren zwar eine relativ hohe, aber keineswegs völlige Gleichartigkeit festzustellen ist."

Zimmermann hat für seine Untersuchung den Drogenwortschatz der Jugendlichen beider Länder zum Vergleich herangezogen. Ich möchte mich im Folgenden auf die Bezeichnungen für Drogen beschränken:

Bedeutung	Spanien	Mexiko
Drogen allgemein		papel
Haschischzigarette (H.Z.)	yoin, porro, mail, may, canuto, chiri, petardo, peta	yoin, carrubo, gallo, gallazo, leño
Letztes Stück der H.Z.		chora
Drehen der H.Z.		forjar, ponchar
Große Menge Haschisch		guato
Haschisch als Stoff	maria, mierda, costo, china, chocolate, choco	atizado, mota, yesca/ resca
Menge von H. in einem bestimmten Wert	talego (1000 Peseten), postura	
Kokain	nieve	nieve, perico
Heroin	caballo	chiva
Tabletten		chocolates, chochos, pastas, pingas
Inhalationsdroge (Amilnitrit)	poper	poper
Inhalationsdroge (Klebstoff/ Zement)		chemo, activo, derrumbe, tonsol, pajaritos
Amphetamin-Drogen	rueda, anfeta, pilula	

(Zimmermann 2002: 248)

In seiner Analyse bemerkt er, dass es abgesehen von "[...] *nieve* und *poper* im vorliegenden Beispiel keine Übereinstimmungen zwischen beiden jugendsprachlichen Varietäten gibt." Diese Kongruenz führt er darauf zurück, dass es sich im Fall von *nieve* um eine Entlehnung aus dem Englischen handele. Dies trifft meiner Meinung nach auch auf *poper* zu, da das Wort offensichtlich auf das englische *to pop* (= knallen) (in Bezug auf das Geräusch, welches beim Öffnen der Ampullen verursacht wird) zurückgeht und diese Art Droge sowohl im englischsprachigen Raum, als auch in Deutschland unter dem Namen Poppers bekannt ist.

Interessant ist, dass in beiden Jugendsprachen das Lexem *chocolate*, wenn auch mit unterschiedlicher Bedeutung, verwendet wird. Bezeichnet man mit *chocolate* in der spanischen Jugendsprache Haschisch, ist es in der mexikanischen eine Pille.

Weiterhin führt Zimmermann an, dass es nicht verwunderlich sei, dass es für bestimmte Lexeme keine Entsprechungen in der jeweiligen anderen Jugendsprache gibt. Dies ist auf die unterschiedlichen Realien in beiden Ländern zurückzuführen. Da es in Spanien unter Jugendlichen nicht gebräuchlich ist Klebstoff oder Zement zu schnüffeln, besteht hier auch keine Notwendigkeit für ein eigenes Lexem. Jedoch zweifele ich die Vollständigkeit der Tabelle an, da Rodríguez (1989: 143) in seinem Aufsatz neben den bereits angeführten Begriffen *porro, canuto, yoin* und *may* für eine Haschischzigarette noch *cacharro, trompeta, varillo, cono, tipín, flai, peta* und *quiqui* für die spanische Jugendsprache anführt. Des Weiteren ist zu kritisieren, dass Zimmermann *mierda* und *maria* unter der Bedeutung Haschisch zusammengefasst hat. Wie auch Rodríguez (1989: 144) bemerkt, betitelt *mierda* Haschisch und *maria* Mariuhana.

Außerdem ist aus Zimmermanns Auflistung nicht erkenntlich, welches der Lexeme einer Bedeutung in welcher Region der beiden Länder favorisiert wird. Natürlich hat er hier nur die bekanntesten aufgeführt, die Liste ließe sich bei intensiverer Recherche sicherlich noch konkretisieren, vor allem in Hinblick auf die Verwendung der einzelnen Lexeme in den unterschiedlichen Regionen Mexikos und Spaniens.

6   lenguaje móvil

Wie bereits dargestellt, ist die Jugendsprache ursprünglich ein mündliches Phänomen. Durch die neuen Kommunikationsmittel ist sie jedoch auch verschriftet worden, sei es in bei den Jugendlichen beliebten und stark frequentiert genutzten SMS (lenguaje móvil) oder in diversen Chats (lenguaje chat), die sich immer größerer Beliebtheit erfreuen. In diesem Kapitel werde ich mich ausschließlich auf den Internetartikel des *Injuve istituto de la joventud* (2007) beziehen und Beispiele aus diesem vorstellen:

Der eigentliche Sprechakt wird bei der lenguaje móvil auf die Schrift reflektiert. Die körperliche Abwesenheit des „Gesprächspartners" wird versucht durch Zeichen basierte Gesten, so genannte Emotionicons, zu kompensieren. Die Schnelligkeit des Gespräches wird durch zahlreiche Abkürzungen imitiert. Dies dient aber nicht nur der Zeit- sondern auch der Geldersparnis.

Außerdem werden alle für die Verständlichkeit nicht notwendigen Buchstaben und Satzzeichen ausgelassen. Dies betrifft Vokale in häufig gebrauchten Wörtern, sowie <e> und <h> am Wortanfang. Die Buchstabenkombination <que> wird wahlweise durch <q> oder <k> wiedergegeben. Dies deutet darauf hin, dass nicht nur die lenguaje juvenil, sondern auch ihre schriftliche Umsetzung, die lenguaje móvil, nicht normiert ist. Dies zeigt sich ebenso am Beispiel <x>, welches sowohl <par>, als auch <por> und <ch> chiffriert (Bsp.: xa = para, xq = porque, muxo = mucho). Außerdem wird <ll> durch <y> dargestellt. Dies lässt sich sicherlich nicht nur auf die ökonomischere Schreibweise zurückführen, sondern auch auf das allgemein verbreitete Phänomen des *yeismo*, wobei [λ] als [j] realisiert wird, was in der Spanischen Graphik <y> entspricht.

Abgesehen davon werden Beilautungen von Konsonanten ausgenutzt (Bsp.: <t> = [te], <m> = [me], <k> = [ka]). Darüber hinaus nutzen die Jugendlichen Zahlen und mathematische Zeichen um Lautungen wiederzugeben (Bsp: <+> = más, <-> = menos, <salu2> = saludos). Die Verständigung wird außerdem durch englische Abkürzungen (ok = vale, u [ju] = tu) erschwert. Bedenkt man, dass die spanische Orthographie sehr phonetisch ist, das heißt, dass annähernd jedem Laut ein Graph zugeordnet wird, kann die fehlende Akzentuierung verwirrend wirken. Zusätzlich wird die Interpunktion im Allgemeinen vernachlässigt, sodass Satzgrenzen verschwimmen. Aufgrund der mündlichen Konzeption der lenguaje móvil verwundert es nicht, dass hauptsächlich Parataxe, mit zum Teil fehlerhafter Syntax und Orthographie, gebildet werden.

Führt sich der Ungeübte diese kurze und unvollständige Übersicht zur lenguaje móvil zu Gemüte, so wirkt diese wie eine undurchsichtige Kombination von Buchstaben, Zahlen, Zeichen, Sprachen und Emotionicons. Deshalb sind Vorkenntnisse unerlässlich, wenn man eine solche Nachricht entschlüsseln möchte. Eine ausführlichere Auflistung zu Abkürzungen in der lenguaje móvil hat die *Asocicación de Usuarios de Internet* auf ihrer Homepage www.diccionariosms.com zusammengestellt.

Um einen Eindruck von der lenguaje móvil zu bekommen, sei hier ein Beispiel angeführt:

„Pos yo ty mta xq tngo 1 cntracta y m edle mxo T sabrs si 1 kires jodr s t amga mia n jejeje wn q drmas bin mripos jeje bsiys xao abr q sñams eee! Jejeje xao

Pues yo estoy malita porque tengo una contractura y duele mucho. Tú sabrás si la quieres joder, es tu amiga, mia no, jejeje. Bueno, que duermas bien mariposa je, je. Besillos, chao. A ver que enseñamos, je je je. Chao.”
(Injuve istituto de la joventud 2007)

7   Zusammenfassung

Die Sprecher der Jugendsprache sind zwar durch ihr Alter geeint, die Jugendsprache selbst, welche sich hauptsächlich auf ihren spezifischen Lexembestand begründet, ist aber diatopisch betrachtet stark divergent. Dies lässt sich darauf zurückführen, dass sich das Spanische, welches von den Jugendlichen ja als Grundbaustein für die Entwicklung ihrer lenguaje genutzt wird, auf der iberischen Halbinsel und in Lateinamerika unterscheidet und aufgrund der verschiedenen kulturellen Verhältnisse die sprachlichen Bedürfnisse von einander abweichen.

Allgemein betrachtet ist die Jugendsprache nicht charakteristisch für eine spezifische soziale Schicht. Vielmehr kann zwischen verschiedenen Jugendgruppen unterschieden werden, seien es Studenten oder Punks. Das heißt jede einzelne Jugendgruppe definiert sich abgesehen von dem Faktor „Alter" noch durch ein gemeinsames Ziel oder Interesse, aufgrund dessen sich erneut die Notwendigkeit der eigenen sprachlichen Identifikation ergibt. Da die Jugendlichen je nach Gruppierung eine mehr oder minder stark ausgeprägte Antikultur zur Erwachsenenwelt pflegen, sympathisieren sie mit marginalen Gruppierung und Übernehmen teilweise deren Vokabular.

Diaphasisch betrachtet richten sich die Jugendlichen größtenteils an die phonetischen und morphosyntaktischen Regeln der spanischen Umgangssprache, bereichern diese aber durch ihre gruppenspezifische Lexik.

Ist die Jugendsprache im Grunde genommen in den mündlichen Kommunikationsbereich einzuordnen, so muss man aber sagen, dass durch die neuen Medien die Verschriftung mit Hilfe von SMS, Chats und Internetforen eingetreten ist. Die mündliche Konzeption bleibt jedoch wie im Kapitel 6 erläutert, beibehalten.

Zimmermann (1996: 481) fasst das Konzept der Jugendsprache treffend zusammen:

> "Expulsadas del lenguaje escrito, estas variables no normativas emprenden la retirada como una guerilla, se integran en otros variedades diastráticas, diafásicas y diatópicas, sobreviven ahí, cambiando de vez en cuando de aparencia y de protagonistas y atacan constantemente el campo de la variedad normativa y codificada."

Durch ihre ständige Weiterentwicklung könnte man die Jugendsprache als "perpetuum mobile" bezeichnen. Viele jugendsprachliche Lexeme sind in die spanische Umgangssprache eingegangen. Dies ist jedoch nicht mit einer sprachlichen Stagnation der Jugendlichen gleichzusetzen. Da sie ein ständiges Bedürfnis nach Abgrenzung gegenüber den Erwachsenen verspüren, ist kein Ende der Wortneuschöpfungen beziehungsweise Bedeutungsveränderungen bereits bestehender Wörter in Sicht.

8   Bibliographie

Betz, Manfred, 1992: "381. Spanisch: Sondersprachen", in: Holtus, Günther/ Metzeltin, Michael/ Schmitt, Christian: *Lexikon der romanistischen Linguistik Band 6,1: Spanisch, Asturisch/Leonesisch*, Tübingen, Niemeyer Verlag, 328-340.

Blas Arroyo, José Luis, 2005/1: *Sociolingüística del español – desarrollos y perspectivas en el estudio de la lengua española en contexto social*, Madrid, ediciones Cátedra.

Casado Velarde, Manuel, 1989: "Léxico e idiología en la lengua juvenil", in: Rodríguez González, Félix: *Comunicación y lenguaje juvenil* , Madrid, Editorial Fundamentos, 167-178. Henne, Helmut, 1986: *Jugend und ihre Sprache: Darstellung, Materialien, Kritik*, Berlin, de Gruyter.

Injuve istituto de la joventud: „Las preocupaciones y averiguaciones que se manifestan en torno al lenguaje juvenil usado en los móviles e internet", http://www.injuve.mtas.es/injuve/contenidos.downloadatt.action?id=108456053, 24.4.2007.

Jiménez Cano, José María, 1992: „378. Spanisch: Sprache und Generationen", in: Holtus, Günther/ Metzeltin, Michael/ Schmitt, Christian: *Lexikon der romanistischen Linguistik Band 6,1: Spanisch, Asturisch/Leonesisch*, Tübingen, Niemeyer Verlag, 267-275.

Jørgensen, Annette Myre (Universität Bergen): „proyecto COLA – Corpus Oral de Lenguaje Adolescente", http://www.colam.org, 24.4.2007.

Moreno, Francisco, 1989: "Elementos no marginales en la lengua coloquial de los jóvenes", in: Rodríguez González, Félix: *Comunicación y lenguaje juvenil* , Madrid, Editorial Fundamentos, 241-270.

Niceforo, Alfredo, 1972: *Il gergo nei normali, nei degenerati e nei criminali*, Bologna, forni editore.

Patry: "lenguaje de los Jovenes": http://apuntes.rincondelvago.com/lenguaje-de-los-jovenes.html, 24.4.2007.

Rodríguez González, Félix, 1989: "lenguaje y contracultura juvenil: anatomía de una generación", in: Rodríguez González, Félix: *Comunicación y lenguaje juvenil* , Madrid, Editorial Fundamentos, 135-166.

Sanmartín Sáez, Julia, 1998: *lenguaje y cultura marginal – el argot de la delincuencia*, Valencia, edita: Universitat de València.

Zimmermann, Klaus, 1996: "Lenguaje juvenil, comunicación entre jóvenes y oralidad", in: Kotschi, Thomas/ Österreicher, Wulf/ Zimmermann, Klaus (eds.): *Bibliotheca Ibero-Americana, Vol.59: El español hablado y la cultura oral en España e Hispanoamérica*, Frankfurt/Main, Vervuert Verlag, 475-508.

Zimmermann, Klaus, 2002: „Die sprachliche Kategorisierung der Lebenswelt spanischer und mexikanischer Jugendlicher (ein Vergleich am Beispiel des Drogenwortschatzes)", in: Wesch, Andreas/ Weidenbusch, Waltraud/ Kailuweit, Rolf/ Laca, Brenda (eds.): *Sprachgeschichte als Varietätengeschichte: Beiträge zur diachronen Varietätenlinguistik des Spanischen und anderer romanischer Sprachen. Festschrift für Jens Lüdtke zum 60. Geburtstag*, Tübingen, Stauffenburg Verlag, 242-252.